I0823610

Lámha Bána
agus Dánta Eile

Micheál Ó Conghaile

Lámha Bána agus Dánta Eile

Lámha Bána agus Dánta Eile

Foilsithe in 2023 ag

ARLEN HOUSE
42 Grange Abbey Road
Baldoyle, D13 A0F3
Éire
Fón: 00 353 86 8360236
Ríomhphost: arlenhouse@gmail.com
www.arlenhouse.ie

978–1–85132–298–5, crua

Dáileoirí idirnáisiúnta
SYRACUSE UNIVERSITY PRESS
621 Skytop Road, Suite 110
Syracuse
New York 13244–5290
USA
Fón: 315–443–5534
Ríomhphost: supress@syr.edu
www.syracuseuniversitypress.syr.edu

Clóchur ¦ Arlen House

Grianghraif an chlúdaigh: Pauline Bewick

Tá Arlen House buíoch de
Chlár na Leabhar Gaeilge
agus d'Fhoras na Gaeilge

CLÁR

9 *Admhálacha*

13 Lámha Bána
14 Milleán
15 Cogadh
16 Lánúin
17 Nóiméad
18 Focla Reoite
19 Tógáil Clainne
20 Seoltóireacht Ghéar
21 Liodán an Phríosúnaí
22 Drochjóc
24 Ag Breith Amuigh ar an Am
25 Aireamh
27 Nuair Nach Labhraím le hÉinne
29 Na Beanna Beola
30 An Mí-ádh Mór
31 An Buachaill Cíosa
32 Fuil
33 Ar Aon Fhocal
34 Ainm as Dialann
36 Dhá Oíche
37 Dubh Dóite
38 An Grá
39 Sciatháin
40 'Ní Dhéanfaidh Sé Aon Mhaith'
41 Tar Éis an tSaoil
42 Maslú na gCorp
43 Dán do Theifigh
44 Gadaí
45 Vardrús
46 A Dhánta

48 *Faoin Údar*

ADMHÁLACHA

Foilsíodh roinnt de na dánta seo cheana in *Something Beginning with P: New Poems from Irish Poets*, eag., Seamus Cashman (O'Brien Press); *An Guth 2*, eag., Rody Groman, (Coiscéim); *Comhar* agus *Feasta*. Ba mhaith leis an údar buíochas a ghlacadh le heagarthóirí na bhfoilseacháin sin.

Buíochas speisialta freisin le teaghlach Pauline Bewick as a saothar ealaíne a chur ar fáil don chlúdach.

i gcuimhne ar
Joe Steve Ó Neachtain
(1942–2020)

codail, a Joe, codail go sámh
i leaba na bhfocal, i véarsaí do bhrionglóidí

Lámha Bána
agus Dánta Eile

Lámha Bána

Tá mo lámha ar fheabhas
Crua, láidir is teann
Is nuair is gá, scaití
Mín, mánla, fíneáilte.

Tuige nach mbeadh
Is iad chomh sean liom féin anois ...
Chomh múinte, siúráilte

Chomh cinnte, chomh líofa
Chomh slán, folláin.

Ach amháin gur chuir siad
Is nár bhain.

MILLEÁN

Ná cuir an milleán ormsa arsa Dia
Mar nach mé a chruthaigh mar seo thú
A d'fhág leis na tréithe tréana seo thú
Droch-chroí, scamhóga plúchta
Néaróga neirbhíseacha
Is d'fholt rua gruaige
Ina sméar mhullaigh mhallaithe
Mar bharr ar an mí-ádh.

Nach ó do shinsir a fuair tú
Cibé géin fhabhtach atá ionat
Peaca an tsinsir
Peaca do mhuintire
Is do pheacaí féin mar bharr orthu
An nós chaipín an tsonais.

Amach leat anois ar na bánta bána
Is déan Caidhp an Chúil Aird
Ar nós chuile dhuine.

Cogadh

Tá páistí beaga ag screadach
Cailíní óga á n-éagnú
Máithreacha ag caoineadh
Mná óga is seanmhná ag gol go glórach
Is iad na fir atá á marú.

Ach is iad na fir atá á marú.

Lánúin

D'iompaigh siad a gcroíthe bun os cionn
Isteach is amach, isteach is amach, faoi dhó
Iad ag dul ó chlais go clais istigh ina lár
Ar nós beach dhallta a bheadh ar mhí na meala
Nó gur thuig buillí buile uile a chéile.

Is dhoirt siad focla uile a gcuid cainte
Síos i ndabhach mór dubh amháin gan tóin
Na focla troma ag suncáil go híochtar
Na focla éadroma ag ardú go huachtar
Is ag cur amach thar maoil … ag imeacht le gaoth uathu
Ina mheascán mearaí de chailimhineog
Ionas nár aithin siad féin focla a chéile.
Ná céile a chéile.

Is scar siad a n-anamacha amach mar sin
Ag míniú is ag aithris a seanscéil mheirgigh
Ar an talamh garbh clochach fúthu
Iad ag cothromú a gcoismhéigeacha
Ag aontú a scáilí ina scáile

Is shiúil siad siar is aniar is siar an bóthar mór
Is siúlann fós …

An dá mhar a chéile
Ag ithe a chéile.

Nóiméad

Níl a fhios ag an mbás tada faoin mbrón
Is gan ann ach taistealaí aonair fáin
Ar nós capall bog bán
Nó stail chrua theann
A thagann an treo lá
Beannaíonn do dhuine nó dhó

Abhus is thall.

Ag faire.

Stopann soicind.

Focla Reoite

Tá sé sách éasca i gcónaí
Na bláthanna a athshocrú anseo ar d'uaigh
Na cinn atá seargtha lofa a phiocadh
A scagadh, a scaradh amach
A chaitheamh ar leataobh ar an gcarnán
As an mbealach,
As amharc.

Is barr nua bláfar a athchruthú
Don lá inniu, amárach.

Is dá bhféadfainn na focla úd
Ó sea, na focla úd úd úd
A sciorr go sliobarnach cantalach as mo bhéal
Is atá ina gclocha móra anois ar mo phaidrín ó shin,
Ataithe
Dingthe go daingean im scornach is im chluasa.

Dá bhféadfainn iad siúd
A líochán ded uaigh créafóige le mo theanga
Iad a phlánáil is a phéinteáil amach as an nua
Go mbeadh chomh mín leis an bpláta, chomh mánla
Chomh cruinn binn snasta
Le Dónall Óg as béal fonnadóra
Bhéarfainn ar m'aiféala, ar mo ghuth
Ar m'fhocal
Ar mo ghlóire.

Is b'fhéidir ansin go ndéanfainn dearmad.

Tógáil Clainne

Tá muid ag tógáil clainne anois
Mac óg agus iníon – cúpla
Cruthaithe go seafóideach
Saolaithe go míorúilteach

Gach gníomh nua dá gcuid
Ina mhíorúiltín laethúil dúinn feasta.

Ach déanann muid ár ndícheall, déanann
Muide atá gan cheacht gan reacht gan foghlaim
I dtógáil clainne

Cóiríonn muid a leaba
Réitíonn muid a lón bóthair
Am, aois agus an aimsir ag cur comhairle orainn
Is freagraí ár gcuid ceisteanna
Breactha i gcló dubh doiléir ar íor na spéire, áit éigin
Is cibé rud nach múinfidh muide dóibh
Múinfidh an saol, lá éigin eile.

Tógann muid suas inár lámha leochailleacha iad
Lámha ar a bhfuil cúr bán na mara
Is boladh buí na feamainne reatha
Nuair a thosaíonn siad ag caoineadh

Anocht ardaíonn inár mbaclainn iad
Is isteach lenár gcroí, lenár n-ucht nocht
Chomh docht agus dá mba linn féin iad, anocht.

Seoltóireacht Ghéar

Bhí an ghaoth inár gcuid seolta
An stiúir faoi smacht a dhraíocht treorach féin
Maistreadh á dhéanamh de bhláthanna bána na farraige
An ghaoth is an chóir linn ar ár gcúl
An lián mar thaca dá mba ghá.
Is muid thíos seal, thuas seal ar bharr na mara móire.

Nó gur léim tusa i bhfarraige.

Liodán an Phríosúnaigh

Dá mbeadh deoch anseo
d'ólfainn é

Dá mbeadh gail anseo
chaithfinn é

Dá mbeadh císte anseo
d'íosfainn é

Dá mbeadh bláth anseo
bholóinn de

Dá mbeadh coileán anseo
chuimleoinn é

Dá mbeadh Críost anseo
shéanfainn é

Dá mbeadh an diabhal anseo
mholfainn é

Ach dá mbeadh tusa anseo
d'iompóinn mo dhroim leat

Trí shaol na saol.

Drochjóc

Ní raibh lámha ar bith aige
Nuair a rugadh é
Ná aon lámh air ach oiread.

Ach lean a chorp beag bog ag análú leis
Chomh beag bog le páistí uile an domhain
Agus ag fás
Seachas na lámha a bhí acusan, ar ndóigh.

Leag Dia lámh air a bhí ar bhéal daoine
Iad ag aithris an ráitis aniar thar ghuaillí na nglúnta –
Seanchas sinsear.

Agus nuair nach raibh lámha aige ina pháiste
D'fhás sé suas dá n-uireasa
Ag útamáil agus ag baoiteáil leis ar a mhíle dícheall
Roimhe, ina dhiaidh agus timpeall air
Is chuaigh sé amach sna blianta
É ag éirí líofa mar útamálaí
Go raibh cáilithe ina shainútamálaí.

Nó gur éirigh sé sean
Gur thit
Go ndeachaigh i léig go mall, mall, cinnte
A mhaoin saoil féin d'útamáil ag cliseadh air.

Ach fós
Agus é i ndeireadh a ré
Deireann sé paidreacha
Cé nár choisric é féin riamh
Mothaíonn sé tochas ina lámha
Nár scríob é riamh.
Nár chuimil aon duine riamh.

Is gaire lámh Dé ná an doras
A deireann sé
A gháireann sé
A chreideann sé, fós …

Is cead ag an nádúr a bheith mínádúrtha
Mar atá ag Dia a bheith neamhdhiaga.

Ag Breith Amuigh ar an Am

Thit an t-am as a sheasamh
Ina steig meig ar an urlár
É ar meisce, caochta, dallta
Cheal cleachta ar an téar fada óil, is dóigh
– céard eile

Nó gur chalc ina lúb stálaithe

Cnap.

Is mhúscail na brionglóidí breabhsacha
A d'fhair a seans óna mbraighdeanas
Ag cogarnaíl go siógach lena chéile
Ina ndúshlán ama is aimsire
Seoigí, seoigí, seoigí,
Amachaigí linn anois, amachaigí linn, amach
Seo é ár seans, ár n-uair, ár n-am, ár lá!

Is linne an talamh, an fharraige is an spéir anocht
Gach áit, gach am, gach ré
An ghrian an ghealach is na réalta

Is tógfaimid bóithre móra eatarthu
Is bóithre eile abhaile gach treo
Roimh fháinne geal an lae
Agus b'fhéidir isteach sa lá amárach

Nó go gcloisfear coisméigeacha súgacha an ama
Ag filleadh.

Áireamh

Aon. Dó. Trí. Ceathair. Cúig.
Sé. Seacht. Ocht. Naoi ... Deich.
Sea, óna haon go deich: simplí ach deacair
Is tá na simpeansaithe féin in ann comhaireamh anois!
Tá, tá sé cruthaithe
Ag foighne eolaithe agus airgead gaimbín
A bhoilscíonn torthaí an taighde is deireanaí
Dá phoibliú do cheithre chúinne na cruinne.

Agus anois, an dtiocfaidh siad ar fad ag léimneach
Anuas as na crainn ag foghlaim?
An mbeidh dualgas orthu dhá chéad caoga lá scoile a thinreamh
An gcuirfear scrúdú IQ orthu ag deireadh na bliana
An mbeidh áiseanna breise teagaisc is múinteoirí feabhais ar fáil
Don chodán a thitfeas siar
Abair, na *slow learners* is na bodhráin?

An gcaithfidh muid an simpeansaí saor a smachtú
A athchruthú athuair ina dhuine
Agus farasbarr daoine sa saol.

Nó cén fáth é a dhaonnú anois
Agus an daonnacht imithe ó stiúir?

Nó an ormsa atá an breall
An athfhilleadh atá uainn
An cúpla milliún bliain is deireanaí a ghlanadh
De scláta crua liath na cruinne
Filleadh siar san am ar an gcéad chlann simpeansaithe
A thosaigh ag caint is ag áireamh
Féachaint an ndéanfaimid jab níos fearr
Ar an dara timpeall.

Is más simpeansaithe a bheas á dteagasc ar fad ar ball
An dtosóidh siad a gcuid ranganna
Leis an gceathrú cuid de dhaonra an domhain
Atá gan léamh ná scríobh
Ní áirím áireamh.

Is a d'íosfadh beo na huimhreacha dá líonfadh a mbolg.

Nuair Nach Labhraím le hÉinne

Nuair nach labhraím le héinne
Ní théann mo chuid focal amú
Ní bhaintear míbhrí strae astu
Ní sceitheann siad a gcraiceann á nochtadh féin
Ní insíonn siad bréag ina bhfírinne
Nuair nach labhraím.

Nuair nach labhraím le héinne
Cloisim mé féin ag caint
– ag caint is ag comhrá liom féin go tostach
Mo chuid focal ag silt leo síos
Ag imeacht ina gceo os mo chomhair
Ag leá is iad ag ardú aníos arís ina ngail chugam
Á spré féin go ciúin istigh ionam
Ar dhroimeanna mo chuid néaróg
Trí shruthanna ciorclacha mo chuid fola
Faoi mo chraiceann bog tollta
Do mo dhealbhú, beagnach.

Is bíodh daoine ag tomhas
Ar thóir múnlaí m'fhocal
Is á n-aimsiú leo freisin ar ghothaí mo scáile
Is scáilí uile amhairc mo shúl.

Ach ní uaimse a chuala siad é.
Ó, ní uaimse a chuala siad é.
Ní uaim.
Ní uaim.
Ní uaim!

Na Beanna Beola

So, seo hiad iad
Na Beanna Bioracha Beola
A dúirt mise liom féin os ard, lá
Mé thuas ar an mullach ab airde.

Cnoic mhóra ghlasa Chonamara
– na máistrí móra
Ní cnoic ach sléibhte
Ón lá fadó fadó ar leagadh síos anseo iad.

An dá cheann déag acu cruinnithe timpeall orm
Amhail an dá aspal déag ag an suipéar deireanach
Iad ag brúchtaíl aníos óna gcroí, óna mboilg mhóra
Ag bronnadh lán a gcuid brollach ar na flaithis thuas.

Ach féach!
Tá béal na bhflaitheas dúnta anois.

Fágtar againne iad mar sin
Againne amháin
Le siúl orthu.

An Mí-Ádh Mór

Tusa a tháinig slán, a bhean,
Slán ón ngábh, ón taisteal fáin
Céard sa mí-adh atá á cheiliúradh agat?

D'fhear céile díchéillí, an ea?
na páistí
an teach
nó b'fhéidir an budgaí
atá sáinnithe sa g*cage* crochta ar an mballa
nó na héisc luascacha órga
nach ndeachaigh in aon áit riamh
ach timpeall agus atimpeall ina ré roithleagáin féin.
Istigh ina mbabhal.

Tusa a tháinig slán, a bhean,
Cén fáth an smiorcgháire?
Céard sa diabhal atá á cheiliúradh agat
Nár chóir go dtuigfeá do mhí-ádh mór
Agus bobghaistí
Craicne bananaí
Agus poll báite
In do ghairdín cúil faoin líne éadaigh
A d'ardódh do sciorta ina pharaisiút stiallta
D'aon léim amháin
D'aon titim amháin.

Tusa a tháinig slán, a bhean,
Ná creid faoi dhó san ádh seo
Ná i mílte ádhanna beaga bídeacha eile an tsaoil
Óir ídeofar do chártaí uile roimh chríoch an chluiche

Nuair is leor cárta amháin den mhí-ádh
Iompaithe bunoscionn in do mhám féin

Nó i mám cam an tsaoil.

An Buachaill Cíosa

Réitíonn sé amach é féin
Ina chulaith ghágach ghaisce
Leath uachtarach t-léine, brístí giortacha, mionseaicéad
oscailte
Bróga troma dubha le búclaí airgid is boinn arda.

Cumhráin is spíosraí is smideadh sleamhain
A spealann scoilt san aer ina thimpeall
Crochann sé thart ar chúinne sráide
Ag luascadh mar bhláth sa ngaoth ansin.

É á shamhlú féin ina sháiltéar aonsúileach
Ar bhord feola an ocrais
Á thimpeallú thart idir lámha crúbacha sleamhna
Gach lámh shaibhir acu ag fágáil a méarmharcanna féin
Gach lámh acu ag tochras ar a gceirtlín tomhaiste féin
A dteanga bheag amuigh á bhlaiseach
Is á lí lena liopaí teanna garbha.

Ar a bhealach abhaile
In uaigneas na mochmhaidine
A chroí trom, a cholainn traochta
Nótaí airgid thíos ina stoca nó ina phóca tónach
Cniotálann sé chuige smaointe a spioraid mhúchta …

Brúite ar leataobh ansin acu
nuair atá fíon dearg le roinnt is le n-ól
Is an tír le cur ina ceart
Nó go dtuileann an taoille tuile arís.

Fuil

An bhfuil grá
In do chuid fola, an bhfuil?
A ritheann tríot mar shruthán casta
Sa lá, san oíche
Is roimh mhochmhaidin go mór mór
Úr i gcónaí ar nós bainne buí úrbhlite.

An bhfuil grá
In do chuid fola, an bhfuil?
Fiú aon deoirín beag amháin
A d'fhéadfainn a shú is a thaoscadh asat
Nó an é nach bhfuil ann ach fuil, fuil, fuil
Fuil dhearg bhogshodrach na hóige?
Ag léimneach i ngach treo mar dhuilleoga feoite fómhair.

Ar Aon Fhocal

Nuair a bheas muide
– an bheirt againn –
ar aon fhocal.

Focal eile ní gá a rá.

Focal ní bheidh eadrainn.

Ainm as Dialann

Tá ainm anseo, nach n-aithním,
Breactha in mo dhialann agam
le peann gorm gorm gorm
I bpeannaireacht dheas staidéarach,
Mar ba dhual dom lámh tráth.

Ón lá úd ar bhuaileas leis, is dóigh
Nó b'fhéidir an lá ina dhiaidh sin.

Domhnach a bhí ann, is léir,
Tús an Aibreáin
Breis agus trí bliana ó shin.

Ach nuair a léim an t-ainm anois
Faoi m'anáil is os a cionn
Á fhuaimniú as mo bhéal amach os ard
Arís agus arís eile anocht, anocht, anocht
Agus nuair a dhúnaim mo shúile
Ag tabhairt cuireadh dó chuig comhluadar m'intinne
Teipeann glan ar mo chuimhne.
Teipeann. Teipeann. Teipeann.

Gan fanta san ainm, sa sloinne
Ach dhá fhocal strainséartha
Nach mbeannaíonn dá chéile níos mó
Amhail dhá scéal as nuachtán laethúil
Sáinnithe i gcolúin éagsúla ar an leathanach céanna.

An é nár bhuaileas leis ar chor ar bith, an lá úd
A fhiafraím díom féin anois

Ach tá ainm is sloinne anseo.
Cén fáth nach gcuimhním air mar sin,
Théis é a bheith nótáilte agam go speisialta chuige sin?
I bpeann gorm, gorm gorm.

Nár mhair mé an lá úd?

Nó an í seo mo dhialann?

Dhá Oíche

Ní mar a chéile an lá
An lá a dtagann tusa ar cuairt
cé nach ndeireann tú mórán
cé nach ndéanann tú mórán
cé go mbíonn do bhrionglóidí fós i gcéin
nuair is féidir iad a chuibhriú.

Fógraíonn tú an deireadh, arís eile.

Ach is é an lá úd
An lá nach bhfuil mar a chéile, a shantaímse
na difríochtaí beaga bídeacha
ró-bheag le tuairisciú anseo
ró-mhion le ham a dhiomalú leo á scríobh
is gan do choisméigeacha fós tréigthe.

Agus ansin an oíche a fhanann tú
Bíonn gealach lán ag léimneach ar leic na fuinneoige
Bíonn réalta ag damhsa ar na ballaí
Bíonn an fharraige mhór ina rabharta fuinniúil fola
Is dhá oíche rolláilte in aon oíche amháin.

Dubh Dóite

Níor tháinig tú!
Níor tháinig tú beag ná mór
Is tá a fhios sin ag an teach bocht tostach.

An chaoi a bhfuil chuile ní in ord.
Gan bun cleite isteach ná barr cleite amach.

An chathaoir socair machnamhach
An citeal ciúin tuirseach
traochta den síorfhiuchadh
Gach buidéal fíona corcáilte go docht
Coinnle an mheán oíche dóite go dúid.

Mar nár tháinig tú
Théis tine mhór a fhadú duit
Leaba leathan a leagan duit
Bráillíní bána a ghealadh duit

Í fós chomh néata cóirithe

Ach fuar, fuar, chomh fuar sin
Nach fiú liomsa luí inti
Is fanann anseo ar an teallach
I luaithreach d'fhocail dhóite.

An Grá

Cé a dúirt go labhraíonn an grá go soiléir?
Ní labhraíonn
Ach amhail daill bíonn ag méirínteacht leis
Ag monabhar ina chogar mogar
Ag dúdaireacht mar dhuine briotach
Ag únfairt mar dhuine nach dtitfeadh ina chodladh
Ag casaoid mar sheanduine
A mbeadh fuacht nó aicíd tolgtha aige.

Uaireanta, ar nós duine amhrasaigh
Ní labhraíonn beag ná mór
Ach é lomlán de ghothaí is d'fhéachaintí cama
Mar a bheadh ag sú gach ní isteach.

Is uaireanta eile nuair a labhraíonn
Imíonn ina rois philéar
Gan géilleann dá fhocal bacach féin.

Sciatháin

Ná tabhair dom
seanfhocal a chlisfidh
seanamhrán nach gcríochnóidh
seanphaidir a theipfidh

Ach fág ionam i bhfolach
– in áit eicínt
Éinín beag bídeach in mo chroí
Le dhá sciathán luainneacha
A bheas in ann eitilt uaidh féin.

NÍ DHÉANFAIDH SÉ AON MHAITH

Ní dhéanfaidh sé aon mhaith
A dúirt an dochtúir go ciúin
Ag teacht aniar as an seomra
É ag labhairt go staidéarach údarásach
Sul má cuireadh an cheist air fiú.

Ní dhéanfaidh sé aon mhaith
Biseach níl i ndán dó choíchin
A dúirt mé in m'intinn.

Is ní raibh an fear sean
Ní raibh ar m'anam ná méanaosta fiú
Is theip orthu uile a phian mharfach a aimsiú
Ainneoin dianthóraíochta, dianscrúdaithe,
Dianfhaire is dianchúraim
An dara an tríú is an ceathrú tuairim

Níor facthas poll ná fabht ina chroí
Scailp ina ae ná súiche ina scamhóga
Cnap ina bholg ná meall ar a intinn
Neascóid ar a chraiceann ná scáile ar a aigne
Ach ní dhéanfaidh sé aon mhaith, a dúradh

Nó an scoilt a bhí ina anam i ngan fhios do Dhia.

Tar Éis an tSaoil

Tar éis an tsaoil, níl tada
Tada, tada, tada –
Ach chuile ní sásta ina nead nua-aimsithe féin
Graibhéal an domhain ina scíth
Cláracha bána caite ina luí
Ríomhairí briste lena mbolg amuigh ar a ndroim
Gach ní chomh marbh
Ansin, ansin, ansin.

Fiú na coirp tirime sínte ina dtranglam
Fuil, fual ná allas, ná deora cinn
Níl iontu le silt astu,
Níl, níl, níl.

Ach iad díreach ansin
An t-aon rud beo atá ag smúdrú leo
Nach n-athródh síon, nach mothódh pian
Faoi bholg an aeir ina luí.

Chomh socair sásta is atá an neamhshaol
Chomh binn binn binn.
Théis osna mhór seo an tsaoil.

Maslú na gCorp

Ar an lá deireanach
Na coirp, ina milliúin bhí siad sínte siar
Ina líne sa gciú ag fanacht le tada
Stálaithe crua ag na mílte bliain
Dearmad déanta acu ar an mbriathar saor.

Ach fainic,
Nár thosaigh corp nuamharbh amháin ag caoineadh
'Cá bhfuil mo Dhia, nach ann do Dhia?'

Cén fáth an gol is an caoineadh
An doilíos is an briseadh croí
Ó chorp a bhí nuamharbh, nuashaolaithe
Is cianchoirp shiocaithe go sócúil gan bhrí.

D'éist na comharsanchoirp go haireach
Ach cor níor chuir siad díobh
Laglúb ní raibh ina ngéaga
Snáthaidí éada ag priocadh a gcroí.

Nó gur dhírigh an corp caointeach suas ar a ghlúine
Shíl cos nó dhó aiséirithe a chur faoi
Gur sciorr ar chlocha corracha a phaidrín
Ag briseadh a mhuinéil is a chloiginn 'na thrí.
Ionas nár chuala macalla gáire Dé ina luí.

Dán do Theifigh

Ba dhaoine deasa sinn, dúirt siad
Fáilteach, gnaíúil gealgháireach
A d'fháiltigh riamh thar muir isteach
Roimh Fhrancach, Yank is Spáinneach

Ba dhaoine deasa sinn, dúirt siad
Ar chnoic ghlasa Éireann, faoi léigear sáile
A d'fhair amach don allúrach
Ba ghile cneas is pócaí teannta

Ba dhaoine deasa sinn, chreid siad
Nach gcuirfeadh an dubh ar an mbán ort
Ach cén chaoi gur féidir an deas a mheas
Nó go bhfaigheann seans a bheith gránna.

Gadaí

An tusa an gadaí oíche
A shantaíonn arán na beatha
Is a ardaíonn leat é ar amhrán

Do mhéara luainneacha éadroma
Soineanta beagnach
Ag cuimilt, ag sacadh, ag piocadh
Ag sní is ag fíochán leo
Nó go ransaíonn mo stór eolais.

Ach ní itheann tú riamh do chreach
Go fiú ní bhlaiseann do bhéal dem leacht.

VARDRÚS

Tá do chuid éadaigh uile fós sa vardrús
Léinte geala is léinte ildaite
Culaith éadaigh ó lá do phósta
Culaith moncaí d'ócáidí móra

Geansaithe troma geimhridh
Brístí gearra do chnocáin arda
Cótaí móra

Caipíní, caipíní is caipíní

Fo-éadaí fiú, iad uile ansin
Stóráilte
Nite
Fillte
Réidh

A DHÁNTA

A dhánta, a chlann,
Céard a tharla daoibhse
Ó d'fhág sibh an teach seo ar maidin?

Nár fhágas slán beo agaibh
Is mo mhíle beannacht
Bhur seoladh chun bóthair, chun bealaigh

Sibh cóirithe go néata agam
Pioctha go slachtmhar
Is dá n-abrainn féin é, dathúil
Óna gcaipíní péacacha gona mbróga snasta
Bhur gcótaí móra timpeall oraibh casta
Mar fhál i gcoinne ídiú an ama.

An é nár labhair siad libh
Nó ar chaill sibhse bhur dteanga
Ar changail sibh bhur bhfocla
Gur shlog an sú astu
Nár dhúirt mé libh labhairt amach go soiléir gasta.

An é nár bheannaigh sibh do na daoine cearta
Nó an amhlaidh nár thuig siad ár gcleachtadh
Is go ndeachaigh amú ar an teanga
Bhur dtiomáint mar sin ar ais arís agamsa
Dóite gearrtha is scólta scartha
Sibh nochtaithe ina gcraiceann dearg.

Faoin Údar

Is mar scríbhneoir cruthaitheach is mó aithne ar Mhicheál Ó Conghaile, go háirithe ó foilsíodh a dhara cnuasach gearrscéalta *An Fear a Phléasc* (1997), an t-úrscéal *Sna Fir* (2000) a bhí ar ghearrliosta Dhuais Liteartha *The Irish Times*, agus an nóibhille *Seachrán Jeaic Sheáin Johnny* (2002). *Sa Teach Seo Anocht* an nóibhille is deireannaí uaidh.

Tá spéis ag Micheál sa drámaíocht ó bhí sé an-óg agus bhíodh sé páirteach i ndrámaí i gColáiste Éinde, in gColáiste na hOllscoile, Gaillimh agus i dTaibhdhearc na Gaillimhe ag tús na n-ochtóidí. Ba é *Cúigear Chonamara* an chéad dráma dá chuid féin a léirigh an Taibhdhearc. I measc na nduaiseanna atá buaite ag *Cúigear Chonamara* tá duais Stewart Parker/BBC Raidió Uladh, Duais Fhoras na Gaeilge/Sheachtain na Scríbhneoirí i Lios Tuathail agus Duais Oireachtais. Fuair *Jude* Duais Oireachtais agus duais i gComórtas Cuimhneacháin Bháitéir Uí Mhaicín a d'eagraigh an Taibhdhearc sa mbliain 2004. Léiríodh an tríú drama dá chuid, *Go dTaga Do Ríocht* sa Taibhdhearc sa mbliain 2008.

Tá sé ina bhall d'Aos Dána ó 1998 agus bhí sé ina scríbhneoir cónaitheach in Ollscoil na Banríona, Béal Feirste agus in Ollscoil Uladh, Cúil Raithin 1999–2002. Bhronn Ollscoil na hÉireann, Gaillimh céim oinigh air sa mbliain 2013. Tá gearrscéalta le Micheál aistrithe go teangacha éagsúla – Albáinis, Rómáinis, Cróitis, Ioruais, Pólainnis, Gearmáinis, Bengali agus Béarla ina measc. Ar na saothair is nuaí uaidh tá *Laethanta Sona,* aistriúchán ar *Happy Days* le Samuel Beckett, *Rogha Scealta,* aistriúchán ar scéalta Liam Uí Fhlaithearta, *Colourful Irish Phrases* agus an leabhar cuimhní cinn, *Nollaig Oileánach.*